Henri Delaborde

Des Principes et Traditions dans les Arts du dessin

Beaux-Arts

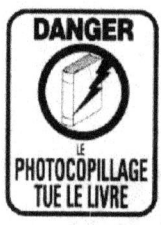
ISBN : 978-1717346698

10 9 8 7 6 5 4 3 2 1

Henri Delaborde

Des Principes et Traditions dans les Arts du dessin

Beaux-Arts

Table de Matières

Introduction 7

I. — Architecture et sculpture. 9

II. — Peinture et gravure. 24

Introduction

Les ouvrages théoriques sur les arts du dessin ont été de tout temps rares dans notre pays, et cependant il semble que des travaux de cette espèce auraient facilement trouvé parmi nous des juges et un public. Nos inclinations et nos habitudes en matière de beaux-arts ne procèdent-elles pas principalement de la raison, et n'est-on pas plus apte en France à comprendre l'art qu'à le sentir ? Une vraisemblance ingénieuse dans la représentation des choses, le développement logique d'une idée ou l'explication claire d'un fait, tout ce qui tend à préciser, à définir la secrète intention qu'a eue l'artiste et l'effet moral qu'il a voulu produire, voilà le genre de mérite dont les témoignages nous gagnent le plus sûrement : telles sont aussi les lois de notre école nationale, les conditions mêmes de son génie sous toutes les formes et à tous les moments. L'art français, tel que l'ont pratiqué les maîtres depuis le XIIIe siècle jusqu'au nôtre, travaille à restreindre la part de la sensation pour élargir d'autant celle de la pensée, et l'on peut dire de la poétique qui le régit que, si elle prohibe la fantaisie presque à l'égal du mensonge formel, elle implique à l'égard des vérités brutes ou muettes la même réprobation et les mêmes dédains.

Il semblerait dès lors tout naturel que des préférences ou des inclinations aussi générales eussent trouvé leur expression dans une série de considérations écrites et de préceptes. Rien de pareil néanmoins. En matière pittoresque, c'est seulement à l'étude immédiate des monuments que les curieux et les amateurs ont dû jusqu'ici avoir recours pour pressentir des règles et démêler des traditions. Aucun livre français, j'entends aucun traité vraiment instructif, n'était venu avant l'époque où nous sommes fournir au public un ensemble d'informations théoriques, et c'est à peine si l'on pouvait, sur quelques questions partielles, puiser des notions plus ou moins sûres dans les divers ouvrages de l'abbé Laugier, de Falconet, d'Émeric David et de Quatremère ou dans les articles de l'*Encyclopédie*. Depuis une trentaine d'années, il est vrai, la critique d'art a acquis en France une importance considérable, une autorité toute nouvelle. Les beaux travaux de M. Vitet, de Gustave Planche et de plusieurs autres écrivains ont assez élevé les points de vue, assez élargi le cercle des enseignements pour que ces jugements sur des œuvres et des talents déterminés dussent tourner en réalité au profit des doctrines générales. Toujours est-il que, malgré la certitude et la justesse des opinions émises sur certains artistes ou sur certains faits, il ne pouvait y avoir là encore sous le rapport théorique qu'une influence et des avertissements indirects.

L'ouvrage récemment publié par M. Charles Blanc sous le titre de *Grammaire des arts du dessin* est le premier que dans notre langue on ait composé sur la matière ; c'est un traité complet, écrit avec la précision et l'autorité que donne la pleine possession d'un sujet, c'est un livre dans la plus sérieuse acception du mot. La précision, voilà, dans le fond comme dans la forme, le caractère du livre de M. Charles Blanc ; c'est là ce qui en rendra la lecture profitable à tout le monde, depuis les artistes, auxquels cette *Grammaire* procurera au moins le plaisir de retrouver à l'état de définitions bon nombre d'idées dont ils n'avaient peut-être que le pressentiment instinctif, jusqu'aux hommes simplement en humeur de s'instruire, jusqu'aux « honnêtes gens, » comme on aurait dit au XVIIe siècle. En fournissant pour la première fois des notions exactes sur les questions d'esthétique, la *Grammaire des arts du dessin* met chacun de nous en mesure d'ajouter un complément nécessaire à ses études classiques et d'achever en ce sens ses humanités.

Il semble d'ailleurs qu'on sente assez généralement aujourd'hui le besoin de suppléer au silence que gardent sur de pareilles questions l'enseignement public et les livres de philosophie eux-mêmes, en dehors de quelques beaux chapitres des œuvres de Lamennais ou de Cousin. Tandis que M. Charles Blanc travaillait à fixer les principes des arts du dessin et à en déterminer les conditions au double point de vue de la théorie et de la pratique, plusieurs écrivains, sans adopter un plan aussi vaste, entreprenaient de rétablir les origines de certains faits, de nous donner certaines informations spéciales. Les uns, comme M. Sutter dans un savant ouvrage examiné ici même par un juge compétent, déduisaient la beauté pittoresque de la combinaison nécessaire et régulière d'un petit nombre de lignes une fois consacrées, scientifiquement prescrites et ne se modifiant suivant les exigences de chaque sujet qu'à la condition de demeurer assujetties au fond à certaines lois immuables de pondération et d'harmonie. D'autres, qu'une longue pratique avait mis en possession de tous les secrets de la peinture, profitaient surtout de cette expérience pour démontrer la subordination des moyens techniques aux idées, et c'est ainsi qu'un des doyens de notre école, M. Couder, écrivait récemment de généreuses *Considérations sur le but moral des beaux-arts*. D'autres enfin, comme M. le duc de Valmy, étudiaient les caractères successifs de l'architecture chez les différents peuples, demandant aux recherches, aux comparaisons historiques les éléments d'une conviction sur le génie même et sur l'objet exact de l'art.

Ne faut-il voir dans ce mouvement de curiosité studieuse que Je caprice de quelques esprits ? N'y a-t-il pas là au contraire un symptôme de plus des coutumes intellectuelles propres à notre temps ? On l'a dit avec raison, chaque siècle a un mot qui le peint celui du nôtre est le mot « question. » Tout en effet est question pour nous, religion ou politique, philosophie ou littérature, histoire même dans ce qu'elle semblait avoir de plus avéré jusqu'ici. Par quelle étrange exception, les conditions de l'art seraient-elles demeurées à distance de l'examen, hors de portée en quelque sorte ? Rien de plus naturel que les efforts tentés de ce côté aussi par l'esprit de révision et d'enquête qui court.

I. — Architecture et sculpture.

Et d'abord les règles existent-elles ? En d'autres termes les beaux talents et les belles œuvres peuvent-ils nous révéler rien de plus que les franchises du goût personnel ? Il n'est pas rare de rencontrer, même parmi les artistes, des gens tout disposés à restreindre en ce sens l'influence et les leçons du passé. — A quoi bon d'ailleurs, disent-ils, tant d'investigations scientifiques ? D'une part la nature qu'on a devant les yeux, de l'autre le sentiment qu'elle éveille, voilà le modèle et le moyen. Au lieu de se fatiguer à interroger les morts pour surprendre tant bien que mal les secrets de leurs doctrines, que ne se contente-t-on de s'écouter soi-même et de regarder naïvement ce qui vit ? Contraste singulier toutefois, ceux qui proclament exclusivement les droits de la réalité et de l'inspiration individuelle sont en général les mêmes qui dans la pratique semblent en faire le meilleur marché, tandis que les talents véritablement novateurs

9

ont éprouvé à toutes les époques le besoin de recueillir des règles et de rédiger des préceptes. Les peintres les plus académiques de la fin du dernier siècle n'entendaient pas raillerie sur le chapitre de l'indépendance théorique, et Valenciennes entre autres a écrit un gros livre où il fait appel à chaque page aux purs « amis de la nature » et aux « disciples du sentiment. » Léon-Baptiste Alberti au contraire aussi bien que Léonard de Vinci, Jean Cousin comme Albert Dürer, c'est-à-dire les maîtres les moins suspects de concessions à la routine, pensaient faciliter d'autant la besogne de leurs successeurs en leur transmettant les secours qu'ils avaient puisés eux-mêmes dans les travaux de leurs devanciers ou dans leur propre expérience. Les écrits qu'ils ont laissés prouvent au moins l'empressement de ces grands esprits à rechercher les conditions réglementaires et pour ainsi parler les formules légales de l'art.

Comment au surplus prétendre affranchir si bien l'art et les artistes que le progrès ne soit plus en réalité qu'une succession d'épreuves, d'aventures, de démentis ? Comment ne pas admettre, dans le domaine de limitation, certaines nécessités absolues, certains principes invariables, — la fidélité de l'image par exemple et la vraisemblance de l'expression ? Sera-ce au nom de l'idéal ? Mais l'idéal lui-même n'est et ne saurait être que la vérité revêtue des formes de l'art. L'imagination dû peintre ou du sculpteur ne l'invente pas, elle le dégage ; la main, si habile ou si audacieuse qu'elle soit, ne fait qu'en concilier les termes avec la représentation du réel. Seulement, comme cette vérité idéale peut être diversement aperçue et traduite, comme elle se modifie dans les œuvres qui la reflètent suivant les inclinations de chaque époque où les aptitudes de chaque talent, il résulte de là un désaccord apparent entre les moyens successivement choisis, bien qu'ils aient au fond une origine commune. Sans doute, lorsque Ictinus construisait le Parthénon ou lorsque Phidias en décorait les murs, ils s'y prenaient, pour exprimer le beau, tout autrement que ne devaient procéder, dix-neuf siècles plus tard, l'architecte de Santa-Maria-del-Fiore et le sculpteur des *portes* du Baptistère à Florence. Les préférences de Raphaël, — qui ne le sait de reste ? — ne se portent ni sur l'ordre de sentiments ni sur les faits qu'affectionnera surtout Rubens, pas plus que le style d'Holbein ne ressemble au style de Vélasquez ou la manière de Ruisdaël à celle de Claude le Lorrain. Pourtant, si différentes qu'en soient les formes, il y a cela de commun entre les monuments dus au génie de ces grands artistes qu'ils ont tous pour fondement un souvenir direct de la nature, qu'ils tendent tous à faire prévaloir un genre de vérité : vérité épique ou familière, physique ou morale, nature imitée de loin dans les lignes architectoniques ou fidèlement reproduite avec le ciseau ou le pinceau, mais en tout cas intervenant l'une et l'autre à titre d'élément indispensable pour vivifier des apparences immobiles et donner à l'artifice lui-même sa raison d'être.

Voilà donc un premier point hors de contestation : l'art n'a de sens, de droits et de portée qu'autant qu'il procède de la nature. S'ensuit-il qu'il n'ait rien de plus à obtenir d'elle et à nous livrer qu'une simple effigie, une contre-épreuve ? Autant vaudrait réduire la fonction de la poésie à l'office du procès-verbal. Si l'art n'avait pour objet que la copie textuelle de la réalité, l'œuvre la plus admirable serait celle où l'artiste se montrerait le moins, celle où il aurait le plus rigoureusement sacrifié toute émotion personnelle au désir de produire matériellement une illusion. D'où vient pourtant que les portraits peints par Denner avec la volonté et le talent de transcrire jusqu'aux plus minutieux détails de la forme nous intéressent infiniment moins, nous semblent cent fois moins vrais, malgré une irréprochable exactitude, que les images relativement succinctes tracées par le crayon d'Ingres ou par le pinceau de Titien ? Pourquoi n'éprouvons-nous qu'un sentiment de répugnance à l'aspect des figures en cire coloriée, bien autrement vraisemblables de fait, bien autrement conformes à la nature palpable que les surfaces aplaties d'un bas-relief ou que les plans monochromes d'une statue ? C'est que dans les tableaux de Denner comme dans les cires modelées pour les cabinets de curiosités, comme dans ce médaillon de *Louis XIV* que l'on voit au palais de Versailles, l'imitation, si complète qu'elle soit, n'a pas d'âme ; elle n'aboutit, en raison de l'excessif désintéressement des ouvriers, qu'à un simulacre muet, à une contrefaçon cadavérique de la vie. Plus l'œuvre se rapproche du réel par ses dehors, plus le contraste devient choquant entre la précision sans merci qu'elle étale et ce qu'elle a au fond de négatif, de vide, d'impassible.

Rien de plus nécessaire, on le voit, que de s'entendre sur le sens de ce mot « imitation, » qui, loin d'exprimer l'unique devoir et la fin de l'art, n'en indique au contraire qu'une des conditions et le commencement. Imitation, dans la langue pittoresque, ne signifie pas et ne doit pas signifier assujettissement servile à la lettre d'un modèle donné. Encore une fois, l'art ne saurait exister en dehors des exemples fournis par la nature ; mais il n'y a pas d'art non plus, il n'y a qu'industrie vaine et stérile habileté d'outil là où ces exemples reparaissent tels que nos regards ont pu les voir dans la vie réelle et nos mains les toucher. Il faut qu'en figurant un objet avec de l'argile ou des couleurs l'artiste nous apprenne ce qu'il a senti en face de cet objet, qu'il en fasse ressortir la signification secrète, qu'il en explique les apparences ; il faut que l'esprit de l'imitateur vive dans la chose imitée de manière à compléter celle-ci, à la transformer jusqu'à un certain point, à manifester par elle le vrai et à propos d'elle le beau. L'imitation n'est féconde qu'à ce prix, la réalité ne peut nous émouvoir qu'à l'aide de ces interprétations et de ces commentaires ; l'art enfin n'agit utilement qu'en introduisant cet élément moral dans la représentation du fait. Il ne vaut lui-même qu'à titre d'expression vraisemblable, mais d'une vraisemblance révisée par l'intelligence humaine, et c'est en ce sens que François Bacon a pu dire qu'il est a l'homme ajouté à la nature. »

Or, si l'intervention du sentiment est nécessaire là où les seuls types en cause sont des types visibles et naturellement définis, si la peinture et la statuaire en exprimant la vie physique ont pour tâche aussi de la renouveler, de l'embellir par la pensée, à plus forte raison une pareille loi doit-elle régir l'architecture, qui ne trouve, elle, dans la nature, aucun modèle précis à imiter. Ici en effet tout est l'œuvre de l'imagination, ou, pour parler plus exactement, tout émane d'une comparaison intelligente entre les moyens de satisfaire à certaines exigences matérielles et les procédés les plus propres à manifester l'idée du beau. Aux époques primitives, il est vrai, l'architecture se proposait un autre but. Ignorant la beauté, c'est-à-dire la proportion et l'harmonie, préoccupés seulement de la grandeur ou plutôt de l'énormité, ceux qui élevèrent sur la surface du monde châtié et renouvelé par le déluge ces temples, ces sépulcres, dont les formidables débris épouvantent encore nos regards, — ceux-là croyaient que, pour entretenir dans la multitude le sentiment religieux ou le souvenir des morts illustres, le mieux était de reconstruire en quelque sorte la nature et de contrefaire dans des travaux de main d'homme l'apparence des créations de Dieu. De là ces murailles colossales, abruptes, comme les masses de rochers au-dessus des vallées ou de la mer ; de là ces pyramides immenses, ces colonnades à perte de vue qui, bien des siècles avant l'ère chrétienne, se dressent dans les champs de l'Égypte et de l'Assyrie. Il semble qu'au lieu de bâtir et d'orner des monuments pour les habitants d'un pays, l'architecture se soit donné la mission de décorer la contrée elle-même, d'en transformer l'aspect en y faisant surgir tantôt des montagnes de pierre, tantôt des forêts de piliers aussi épaisses et aussi vastes que les forêts d'arbres qui végètent ailleurs ; il semble que le génie humain n'aspire alors qu'à s'anéantir dans ses propres œuvres, à s'immobiliser dans l'imitation superstitieuse des phénomènes extérieurs.

Et cependant le plus merveilleux de ces phénomènes lui échappe, le plus admirable de ces modèles demeure comme inaperçu, au moins quant à ses caractères et a sa signification intimes. Le moment n'est pas venu encore où l'homme, pour transporter dans l'architecture l'ordre et la règle, en demandera les exemples aux proportions du corps de l'homme, à la structure de ses membres, à l'harmonie mathématique que toutes ses parties comportent ; mais lorsque, une fois en possession de ce secret, il aura appris à exprimer l'opposition dans la symétrie et la diversité dans l'équilibre, lorsque, sans copier, — est-il besoin de le dire ? — les formes mêmes de la figure humaine, il aura su, par la cadence ou la variété des lignes, prêter à la matière inorganique un organisme à l'image du sien, — alors justice sera faite de ces entreprises aussi démesurées que monotones qui parodiaient les grands spectacles de la nature. L'art sera constitué.

D'une part, les progrès se sont accomplis dans l'architecture à mesure que l'homme y a plus scrupuleusement traduit un souvenir de lui-même et plus profondément marqué son empreinte ; de l'autre, l'imitation du réel par les moyens architectoniques ne doit être que lointaine, sous peine d'aboutir à une prétention de rivalité vaine ou monstrueuse. Que l'art s'inspire de la nature pour la combinaison rationnelle des forces ou des formes qu'il emploie, rien de mieux. S'il trouve le modèle rudimentaire d'une colonne surmontée de son chapiteau dans les contours d'un arbre dont le tronc, élargi à la base, va se rétrécissant à mesure qu'il s'éloigne du sol, pour s'élargir de nouveau et se diviser en branches au sommet ; si l'invention ou la combinaison de certains ornements lui est suggérée par le port d'une plante, par les enroulements d'un coquillage, par l'épanouissement d'une fleur, qui s'avisera de contester l'opportunité de pareils secours ? Il n'y a là toutefois, il ne saurait y avoir qu'une image et non une reproduction littérale, une vérité relative, une allusion enfin à la réalité. Comme les exemples du corps humain dans le domaine de la symétrie, les modèles fournis par la nature inanimée, en ce qui concerne la stabilité ou l'élégance, intéressent avant tout le goût et la raison. Le vrai en architecture n'est que l'expression conséquente et scientifique du bon sens, l'appropriation soigneusement, calculée des caractères à la destination d'un monument. Le beau lui-même y est affaire de logique, puisqu'il résulte de la justesse des rapports entre les exigences de la construction et les moyens décoratifs employés. Voilà pourquoi les Grecs, qui ne donnaient rien au hasard, qui, soumettant tout au contrôle d'une raison exquise, entendaient indiquer la solidité réelle par la solidité apparente et accuser l'ossature d'un édifice jusque dans la disposition des ornements, — voilà pourquoi les Grecs sont restés dans l'histoire de l'art les maîtres souverains. L'architecture grecque n'est pas seulement la plus belle que l'humanité ait connue, elle est aussi la plus sensée et la plus sage, ou plutôt c'est à cette sagesse ayant tout qu'elle doit la prééminence sur l'art des autres pays et des autres époques.

Faut-il pour cela renoncer à admirer, la majesté robuste ou la magnificence des monuments romains, l'abondance et la poésie des idées que révèlent les églises du moyen âge, les innovations hardies ou les délicatesses introduites dans l'architecture italienne au temps de la renaissance et un peu plus tard dans l'architecture française ? Ce que nous voulons dire seulement, c'est que les successeurs des Grecs, là même où ils employaient les formes que les Grecs avaient découvertes, ne procédaient plus avec cette rigueur dans l'application des principes, avec cette exactitude dans les déductions qui caractérisent l'art d'Ictinus et de Mnésiclès. A plus forte raison, lorsqu'ils inventèrent à leur tour, leur arriva-t-il trop souvent d'élargir jusqu'à l'abus la part de l'imagination et de la fantaisie. C'est peu pour l'art romain de dénaturer l'ordre dorique et l'ordre ionique, ou de revêtir un édifice d'ordres différents superposés, — « altération essentielle, fait observer M. Charles Blanc, puisque l'entre-colonnement, étant un des principaux moyens d'expression dans chaque ordre, ne saurait convenir à l'un sans mentir à la signification de l'autre ; » — il faut encore que, par un singulier caprice, on en vienne, à Rome, à mélanger des procédés architectoniques inconciliables, l'arc et la plate-bande, le pied-droit et la colonne, en d'autres termes à rapprocher deux supports de nature différente pour soutenir le même fardeau.

En dehors de l'antiquité romaine, à des époques plus rapprochées de nous, que de déviations et d'anomalies ne pourrait-on pas signaler ! Que d'étranges démentis au bon goût hellénique sinon au bon sens universel ! Voici d'abord, durant la période dite byzantine, la colonne torse, qui n'aboutit qu'à prêter une forme contour née et fléchissante à ce qui doit être l'image de la solidité ; plus tard, avec la renaissance, les frontons brisés, les frontons courbe inscrits dans le tympan d'un fronton triangulaire, — nombre d'autres fantaisies encore rachetées en partie par la hardiesse ou l'élégance de la mise en œuvre, mais assurément défectueuses au point de vue de l'invention, et, tranchons le mot, foncièrement absurdes. Nous ne parlons même pas des actes de véritable démence commis au temps des Borromini et des Bernin, alors que, pour mieux rompre l'uniformité des lignes, les architectes des églises et des palais de Rome imaginent d'accoupler à des balustres droits des balustres sens dessus dessous, ou d'ériger sur une paire de colonnes deux fragments d'un fronton non-seulement brisé, mais placé en raison inverse de la direction naturelle.

N'est-il pas bien remarquable d'ailleurs que, de tous les genres d'architecture pratiqués avant la seconde moitié du XVIIe siècle, le plus conforme en réalité aux traditions de l'art grec soit précisément celui qui semble à l'extérieur en différer le plus ? Je m'explique. En admirant à Chartres, à Amiens, à Paris, dans d'autres villes de la France, les types de ce qu'on est convenu d'appeler l'art gothique, personne ne sera tenté sans doute d'y voir une imitation des temples d'Athènes ou de Pœstum : autant vaudrait prétendre reconnaître dans la *Chanson de Roland* ou dans la *Divine Comédie* la langue et les mœurs des héros de l'*Iliade*, mais, de même que les chants épiques du moyen âge peuvent avoir un caractère homérique par la profonde sincérité de l'inspiration et de l'accent, l'architecture gothique à son tour peut faire songer à l'architecture grecque en ce sens que, dans ses œuvres comme dans les œuvres de celle-ci, tout s'enchaîne avec une logique rigoureuse, et que la majesté, la grâce même, y sont toujours une forme de la vérité. Veut-on des exemples ? Qu'on se rappelle ces contre-forts transformés en motifs d'ornement autour du monument qu'ils soutiennent, ces aqueducs pour recueillir et rejeter au dehors les eaux qui ont glissé le long du grand comble établis sur d'élégantes constructions à claire-voie, enfin, à l'intérieur, ces figures d'anges ou de prophètes servant d'agrafes aux nervures diagonales des voûtes et immobilisant les claveaux avoisinants en raison de la pression exercée : combinaisons ingénieuses inspirées, comme les décorations antiques, par les données même de la construction, et devenant un aveu de celle-ci, au lieu d'être, ainsi que cela arrivera souvent au temps de la renaissance, une pure fantaisie, un mensonge du constructeur.

A quoi bon au surplus remonter à la renaissance ou aux siècles qui l'ont suivie pour démontrer par des exemples contraires la justesse des principes qu'ont connus et pratiqués les architectes de l'antiquité grecque ou ceux du moyen âge ? L'oubli de ces principes et de ces règles ne nous semble pas de nos jours un fait si rare qu'il faille chercher bien loin les occasions de le constater. Notre école d'architecture en effet traverse une phase qui n'est exempte ni de graves inconvénients dans le présent, ni de périls pour sa bonne renommée dans l'avenir. A qui la faute, sinon à elle-même, à ses fastueuses manies, à ce besoin d'accumuler sur chaque profil, sur chaque surface, autant de moulures, de rondes-bosses, de groupes d'ornements ou de figures que l'espace en pourra contenir ? Certes, parmi les monuments récemment achevés à Paris, on pourrait citer plus d'une exception à ce système de luxe à outrance. L'École des Beaux-Arts, complétée par l'artiste éminent qui en construisait les bâtiments principaux il y a trente ans, — la nouvelle façade et le vestibule du Palais-de-Justice, si amplement conçus dans l'ensemble et en même temps si finement traités dans les détails, — le grand passage voûté aboutissant à la place Napoléon III dans le nouveau Louvre et la grande salle de lecture à la Bibliothèque impériale, — le dôme de Saint-Augustin et l'intérieur de l'église de la Trinité, — quelques autres spécimens encore d'un goût sans complicité avec les excès ou les caprices, — voilà des titres sérieux pour une partie de notre école. Ajoutons, dans un ordre de travaux où le beau doit plus nécessairement qu'ailleurs n'être que l'auxiliaire de l'utile, les Halles centrales, véritable chef-d'œuvre de simplicité et de convenance. Malheureusement, en regard de ces œuvres diversement considérables, combien d'autres où nos neveux ne verront, cela est à craindre, que les témoignages de l'ambition impuissante ou les preuves de l'irréflexion !

Pour caractériser la singulière confusion d'idées et de doctrines que révèle l'architecture contemporaine, M. le duc de Valray, dans quelques pages consacrées à ce qu'il appelle « l'ère du doute, » qualifie l'école actuelle « d'école composite. » Peut-être aurait-on le droit de lui donner un nom plus sévère. Est-ce bien en effet le doute qui la travaille, je veux dire une sincère recherche du mieux ? Est-ce seulement par excès d'éclectisme qu'elle pèche ? En inventant l'ordre composite, qui, suivant l'observation de Quatremère, « se plaçait, par le mélange de deux ordres, entre le corinthien et l'ionique, » ou même en introduisant dans l'art quelques-unes de ces innovations plus radicales dont nous avons parlé, les architectes romains ne s'affranchissaient pas de certaines obligations que les architectes de la renaissance devaient en pareil cas respecter à leur tour. Ils ne prétendaient point remettre en question, encore moins nier ce qui avait été une fois reconnu bon et utile ; ils se proposaient simplement de combiner ces exemples officiels, de les approprier à leurs aspirations présentes et d'en tirer ainsi un nouveau parti sans pour cela en dénaturer le sens. Nos visées sont autres aujourd'hui, et nos fantaisies plus vastes. Il s'agit bien vraiment de modifier l'arrangement classique d'un chapiteau, les proportions d'une colonne ou d'un entablement ! Il s'agit, pour donner la vie à un édifice, à une simple maison même, de mettre bravement le cœur à droite, j'entends de renverser, si l'envie vous en prend, les condition naturelles aussi bien que les termes du problème, sauf à rétablir dans ce désordre un semblant d'équilibre par la multiplicité même des caprices et l'égale profusion des détails.

Objectera-t-on, comme une garantie contre de sérieux dangers, l'érudition dont les architectes font preuve en n'employant le plus souvent dans leurs propres travaux que des éléments consacrés par les âges ou par les écoles qui se sont succédé ? Jamais, il est vrai, on n'a mieux connu que de notre temps les divers monuments du passé ; jamais on n'a consenti de meilleure grâce à en imiter les formes, à reproduire, même côte à côte, les types particuliers à chaque époque ; mais on ne fait ainsi qu'emprunter à l'art ancien l'extérieur de ses ressources, au lieu de le continuer dans ses traditions essentielles et dans son esprit. Quoi de plus opportun dès lors, pour seconder l'action des maîtres qui nous restent ou pour préparer les voies aux maîtres futurs, qu'un ensemble de réflexions et de conseils publics sur le véritable caractère de ces traditions, sur l'influence qu'il leur appartient d'exercer en dehors et au-dessus de l'archéologie proprement dite ? Tel est le genre d'enseignement que contient la *Grammaire des arts du dessin*, tels sont les mérites qui lui assignent une place à part entre les écrits strictement historiques et les ouvrages de pure théorie. En consacrant à l'architecture une partie considérable de son livre, M. Charles Blanc n'a entendu ni enregistrer les événements de l'art dans la simple succession chronologique, ni supprimer au contraire les leçons de l'histoire pour ne formuler qu'un système. Il a estimé plus intéressant et plus utile de rappeler les faits en regard des principes, de confirmer chaque proposition énoncée par des exemples qui en démontrassent l'autorité séculaire aussi bien que l'orthodoxie esthétique. En un mot, dans cette *Grammaire des arts du dessin*, on trouve mieux qu'une aride syntaxe, et la manière dont les règles y sont présentées nous semble à la fois trop animée et trop persuasive pour ne pas les accréditer sûrement auprès du public. Quand nous serons bien convaincus que l'architecture est de tous les arts celui dont on peut le mieux juger avec les seules lumières de la raison, parce qu'il a lui-même dans la raison sa source et son moyen d'expression principal ; quand nous aurons une bonne fois reconnu qu'au lieu d'être un vain décor pour les yeux ou un logogriphe pour l'esprit, un édifice doit, jusque dans la somptuosité, traduire des intentions claires, conformes aux données premières de la construction comme aux caractères de sa destination spéciale, — peut-être les inventions vides de sens ou les imitations emphatiques cesseront-elles d'usurper la place où notre tolérance désintéressée leur permet de se multiplier aujourd'hui.

Cette espèce de superstition qui nous porte, faute d'initiation ou d'étude, à nous récuser dans les questions relatives à l'architecture explique aussi l'indifférence plus habituelle encore où nous laissent la statuaire et ses œuvres. Pour beaucoup d'entre nous, la sculpture n'est guère qu'une vieille convention, sinon un préjugé, une forme d'expression surannée bonne tout au plus à perpétuer dans le monde érudit certaines traditions scientifiques. L'erreur est grande assurément ; mais, il faut bien le dire, elle n'est pas toujours sans prétexte. Dans le peu de succès que rencontre aujourd'hui la sculpture, tous les torts ne sont pas de notre côté : on pourrait attribuer une bonne part de cette impopularité à la banalité même des moyens choisis et à l'abnégation excessive de ceux qui les emploient. Les hommes qui de notre temps entreprennent après tant d'autres de modeler quelque honnête figure de dieu ou de déesse renouvelée de l'*Apollon du Belvédère* ou de la *Vénus de Médicis*, les sculpteurs que nous voyons, en désespoir d'invention, se cantonner dans l'imitation de deux ou trois types mille fois reproduits déjà procèdent à peu près comme des poètes qui s'obstineraient à ne nous parler qu'en vers grecs ou latins. Quoi de moins coupable en pareil cas que nos distractions, que notre froideur ? Le malheur est seulement que des efforts et des talents plus sérieux se trouvent compromis dans l'opinion inspirée par ces contrefaçons ou ces redites inutiles. Une statue, pour peu qu'elle représente un personnage nu ou qu'elle exprime une intention allégorique, prend immédiatement a nos yeux l'apparence d'un anachronisme. Malgré ce qu'elle peut avoir au fond d'original et de véritablement méritoire, elle n'est pour nous qu'un exemplaire de plus de ces types prévus, copiés à satiété, que la coutume impose à la civilisation moderne.

Il serait bien nécessaire pourtant de distinguer la part de chacun dans cet ensemble de tentatives inégalement recommandables. Si bon nombre d'artistes croient avoir assez fait quand ils ont réussi, moyennant quelques recettes d'école, à simuler les procédés extérieurs de la statuaire grecque ou romaine, d'autres cherchent et trouvent dans l'étude de l'antiquité des secrets plus rares et plus féconds. Au lieu de réduire leur tâche à un archaïsme stérile, ils travaillent à en rajeunir les conditions par le caractère particulier des formes et la vraisemblance de l'expression. Même en traitant un sujet allégorique, ils n'oublient pas que nos croyances et nos mœurs ne sont plus celles qui avaient cours au temps de Périclès ou d'Auguste, et que, s'ils ont le droit, pour se faire plus aisément comprendre, d'employer certains moyens consacrés, ils ont aussi le devoir d'approprier ces formules païennes aux exigences de notre goût et aux coutumes de la pensée chrétienne. S'agit-il d'un thème fourni par l'histoire ou par la réalité contemporaine, d'un groupe héroïque comme celui que Rude a sculpté sur une des faces de l'Arc de l'Étoile, ou d'une simple figure de genre comme le *Danseur napolitain* modelé par Duret, ici encore et à plus forte raison l'imitation littérale de l'antique aboutirait au mensonge ou au contresens. Que pour traduire des sujets de cette espèce les sculpteurs s'inspirent des travaux accomplis par les anciens dans des cas analogues, qu'ils prennent conseil des bas-reliefs romains, des éphèbes ou des Faunes grecs, ils ne sauraient mieux faire, à la condition toutefois de ne demander à ces exemples que des renseignements sur l'art de rendre fidèlement la nature et la vie et de n'y puiser en quelque sorte que des leçons de sincérité. Non, si incomparablement belle que soit la statuaire antique, avec quelque zèle qu'on doive en interroger les monuments et les moindres débris, il ne faut pas, sous peine de mauvaise foi envers soi-même et envers son temps, immobiliser dans la pratique les traditions qu'elle impose ; il ne faut pas, en reconnaissant l'autorité qui lui appartient à tant de titres, exagérer le respect jusqu'à l'inertie de la pensée, la docilité, jusqu'à l'asservissement. La fonction de la sculpture moderne ne saurait uniquement consister dans la fabrication d'effigies vieilles en naissant de plus de vingt siècles, dans la réédition à tout propos, sous tous les noms et pour toutes les places, d'une série d'images taillées d'après un invariable patron.

Pourquoi vouloir d'ailleurs emprisonner le beau dans les limites d'une manière, dans les privilèges physiques d'une race, dans les usages d'une époque ? Quelle nécessité, en présence de la vie, de galvaniser un cadavre, de sacrifier les vérités directes qui nous entourent à des vérités de seconde main, l'art enfin à l'archéologie et le modèle humain à la statue grecque ? L'homme, après tout, pour fournir à la sculpture un type digne d'elle, n'est pas tenu d'avoir vécu à Athènes vers la quatre-vingt-troisième olympiade. Il lui suffit d'être beau de cette inévitable beauté que donnent en tout temps et en tout pays la santé, la force, la jeunesse, ou même de présenter jusque dans la dépression sénile des formes ces caractères accentués qui déterminent une physionomie. Quand les maîtres florentins du XVe siècle sculptaient les images de leurs contemporains, ils ne songeaient pas à le prendre de si haut avec la nature. Loin d'affubler leurs modèles de je ne sais quel faux semblant de majesté hellénique, ils entendaient en accepter franchement les irrégularités et en traduire les apparences dans un style d'élite sans doute, mais éloquent avant tout par sa véracité. On peut dire en ce sens que l'essentiel des principes grecs revit le plus souvent là où le sujet et la manière sont en réalité le moins archaïques. Pour ne citer que des exemples récents, tel buste sculpté par M. Cavelier ou par M. Guillaume d'après un personnage de notre temps participe plus directement de la méthode antique, malgré les caractères tout modernes du modèle et de l'œuvre, que telle *tête d'étude* aux lignes officielles, au nez scrupuleusement droit et aux lèvres boudeuses, en mémoire de l'*Antinoüs*.

L'art du sculpteur ne consiste donc pas dans un effort systématique pour déguiser le vrai et en réduire les apparences variées à un mode d'expression uniforme ; il consiste, comme le dit M. Charles Blanc, « à élever la vérité individuelle jusqu'à la vérité typique et la vérité typique jusqu'à la beauté. » Que l'artiste ait à représenter un paysan ou un héros, une vierge ou une matrone, un cheval ou un lion, il figurera non-seulement les particularités qui distinguent le modèle donné, mais encore les traits caractéristiques de la race et du type. Il définira les attributs de la beauté robuste ou gracieuse, élégante ou terrible, — comme dans son admirable statue de Voltaire, dans ce portrait d'un octogénaire décrépit, Houdon aura su formuler l'idéal de la vieillesse et de la malice, et résumer la physionomie de tout un siècle aussi bien que la vie étincelante d'un esprit.

Il est très difficile, je le sais, de s'arrêter à temps dans cette double poursuite de la vérité apparente et de la vérité cachée. Où la docilité aux exemples de la nature commence-t-elle à devenir un danger ? A quel point précis au contraire la volonté d'idéaliser les choses dégénère-t-elle en parti-pris blâmable et en convention ? Il y aurait de la témérité à prétendre marquer irrévocablement ces limites. A peine les œuvres des grands artistes eux-mêmes permettent-elles de les entrevoir, et l'on courrait le risque de recevoir quelque démenti de Michel-Ange, si l'on poussait un peu trop loin à cet égard le dogmatisme esthétique. Ce qu'il convient seulement d'indiquer à titre de principe, c'est, dans l'imitation, l'alliance du caractère qui exprime la vie personnelle et de la beauté qui en généralise l'image ; c'est l'obligation pour le sculpteur de tout subordonner aux lois de cette imitation choisie, depuis la forme sobrement vraisemblable jusqu'au mouvement et au geste qui doivent, comme dans le *Discobole* du Vatican ou dans le *Faune* de la galerie de Florence, annoncer et promettre l'action plutôt que la montrer. L'agitation ou la violence représentée au moment même où elle se produit porterait atteinte à la majesté de la sculpture en rompant l'équilibre des lignes, et de plus elle compromettrait la solidité réelle de la statue. Que si, au lieu d'une figure isolée, condamnée par la pesanteur même de la matière à trouver son point d'appui dans la tranquillité de son attitude, il s'agit d'un groupe ou d'un bas-relief, là encore chaque mouvement partiel, si vif qu'il soit, devra concourir au calme linéaire de l'ensemble. L'image même d'un combat, si elle n'offre cet aspect de pondération, de sérénité ; ne sera plus qu'un tableau en pierre ou en bronze, par conséquent un tableau mort malgré ses prétentions à la vie. L'excessive animation des personnages accusera d'autant mieux l'inertie de ce qui les entoure, car le ciseau, quoi qu'il fasse, ne simulera pas plus les tourbillons de poussière soulevés par les combat tans qu'il ne figurera l'éclair jaillissant du choc des « armes ou les profondeurs de la perspective.

Supposez par exemple le célèbre carton de Léonard de Vinci, le combat des *Quatre cavaliers*, transformé en bas-relief. Que deviendra ce groupe terrible, une fois privé de l'atmosphère qui en confirme ou en diversifie les lignes impétueuses et les plans ? Quelle part restera, dans la signification sinistre de la scène, à ce ciel et à ce terrain réduits, l'un, à n'être plus qu'une muraille, l'autre un support uniformément relié au fond ? Ce que le clair-obscur avait énergiquement accentué sous la maki du peintre ira se perdre dans une lumière monotone ; ce qui se dessinait en vigueur sur le vide portera ombre sur une surface, et quelque chose d'interrompu dans reflet, de faux, de froidement tourmenté, résultera de ces effacements ou de ces saillies inévitables. Ce sera bien pis encore si, au lieu d'opérer sur un champ vertical, le sculpteur applique ces procédés de composition pittoresque à l'agencement d'objets s'enroulant autour d'un vase ou d'une colonne. Quoi de plus offensant pour le regard et pour le goût que des effets d'optique se produisant en sens inverse du galbe, que des semblants de concavités venant démentir le mouvement réel des lignes et la convexité du monument ? Les bas-reliefs dont la longue spirale enrichit, sans la déformer, la colonne Trajane, quelques vases ou sarcophages romains et la frise circulaire sculptée par Donatello sur la chaire extérieure de l'église de Prato montrent bien comment un artiste habile sait se préserver de ces exagérations ou de ces contresens ; mais en général c'est aux monuments de l'art grec, de cet art toujours mesuré dans son élan, toujours délicat dans sa force, qu'il faudra s'adresser de préférence pour apprendre à proportionner le mouvement des parties a l'immobilité architectonique de l'ensemble et la variété des éléments à l'unité de la composition. Sur ce point comme sur tant d'autres, ce sont là encore une fois les modèles qu'il faut choisir, non pour en copier servilement les dehors, mais pour s'initier aux conditions intimes de ce beau dont les Grecs ont mieux que personne connu la raison d'être et deviné les lois.

La sobriété dans l'attitude, dans le geste, dans l'ordonnance des lignes, soit que celles-ci ne dessinent qu'une figure isolée, soit qu'elles se combinent en forme de groupe ou de bas-relief, — la prédominance du caractère typique sur la physionomie individuelle, du général sur le particulier et de la beauté sur l'expression, — voilà les conditions les plus rigoureuses de la sculpture. Telles sont les règles dont eue ne saurait s'écarter sans dépasser ses frontières ou manquer à sa fonction. Quelque dignes de mémoire que puissent être, en dehors de ces principes, l'habileté et les œuvres d'un Ghiberti, d'un Jean de Bologne, parfois même d'un Bernin, quelques efforts que l'on ait plus récemment tentés pour attribuer à l'ébauchoir les mêmes privilèges, et les mêmes vertus qu'au pinceau, le tout ne prévaudra point contre des faits bien autrement persuasifs, parce qu'ils correspondent à la nature même des choses et aux éternelles exigences du bon sens.

La sculpture a son objet et ses ressources propres, sa signification à la fois positive et abstraite, son empire très indépendant de l'influence qu'il appartient à la peinture d'exercer. Bien qu'à certains égards une statue se rapproche de la réalité plus qu'une figure peinte, puisqu'elle représente la forme humaine sous ses trois dimensions, elle emprunte de son apparence monochrome, de ses yeux sans regard, du sol restreint qui la supporte, une sorte de vie surnaturelle dont on aurait aussi mauvaise grâce à regretter l'insuffisance qu'à méconnaître la poésie, Laissons donc à chaque art son génie et ses procédés. Ne demandons à la sculpture ni de rivaliser avec la peinture, ni de nous émouvoir par la violence, par le caractère dramatique de l'expression. Le meilleur de son éloquence est dans sa modération même. Enfin à ceux qui seraient tentés d'élargir un peu trop le cercle où il lui est permis d'agir, à ceux qui, au lieu de l'imitation choisie, songeraient à faire d'une certaine indulgence pour le laid un des éléments de la sculpture, il faudrait répondre avec l'auteur de la *Grammaire des arts du dessin* : « Dans la vie comme dans la peinture, la laideur peut devenir supportable,- si elle est corrigée par la mobilité de la parole ou par le prestige de la couleur, si elle est rachetée par une expression fugitive, transfigurée par l'âme ; mais dans la sculpture, fatalement enchaînée à la matière pesante, la laideur immobile, muette, épaisse et pétrifiée, la laideur cubique, est une monstruosité d'autant plus offensante que, taillée en marbre ou coulée en bronze, elle usurpe une immortalité dont la beauté seule est digne. »

II. — Peinture et gravure.

Si l'on demandait pourquoi la reproduction des objets par le pinceau ou par le crayon peut être plus intéressante que la réalité et, même abstraction faite du coloris, plus vraisemblable que l'effigie mécanique, il suffirait de rappeler la part qui revient dans cette imitation au sentiment et au calcul. Quand Pascal définissait la peinture une « vanité attirant l'admiration par la ressemblance de choses dont on n'admire pas les originaux, » il confondait apparemment la copie brute avec l'image. Les modèles fournis par la nature ne s'imposent pas si despotiquement au pinceau qu'il lui soit interdit d'en interpréter l'aspect et d'en dégager l'esprit. C'est là au contraire le plus beau de sa tâche et son devoir principal ; c'est là ce qui fait de la peinture un art, tandis que la photographie n'en est pas un. En imitant tout, la photographie n'exprime rien.

La peinture n'a donc pas pour objet unique, ainsi qu'on l'a dit souvent, l'imitation de la nature. Elle tend à exprimer l'âme humaine au moyen de la nature imitée, et, dans la représentation d'un paysage comme dans la composition d'un tableau d'histoire, à nous révéler ce que l'artiste a senti à propos du fait, au moins autant que l'apparence matérielle de ce fait. « La peinture, dit M. Couder avec la double autorité que lui donnent son talent de peintre et son expérience, est un adroit mensonge ; elle est suffisamment vraie dès qu'elle semble dire la vérité, car l'illusion n'est point le véritable but de l'art. A l'aspect d'un tableau, ignore-t-on que c'est l'œuvre de l'artiste que l'on considère ? »

Suit-il de là que, pour être plus sûrement expressive, la peinture ait le droit de s'insurger contre la réalité et de sacrifier aux franchises du sentiment personnel non-seulement le beau, mais le vrai lui-même ? Autant vaudrait admettre en littérature la légitimité d'un langage tout arbitraire. A quoi bon insister au surplus ? Personne sans doute ne trouverait aujourd'hui une définition suffisante de la peinture dans ce seul mot « imitation, » et ne consentirait à confondre ainsi le moyen avec le but, comme cela pouvait avoir lieu au XVIIIe siècle sous l'influence de Le Batteux ou de tel autre théoricien de cette force ; mais personne non plus, je suppose, ne sera tenté de réhabiliter l'*idéalisme* compris et pratiqué à la façon du chevalier d'Arpin. Reste à rencontrer le juste point entre ces doctrines extrêmes et à se former une opinion moyenne qui, sans demander trop peu à l'art, sans exiger de lui plus qu'il ne peut donner, n'entre en complicité ni avec le matérialisme pittoresque, quelles qu'en soient les formes, ni avec les exagérations spiritualistes, de quelque semblant de noblesse qu'elles prétendent se décorer.

En attribuant tout à l'heure à l'expression une importance principale dans les moyens dont le pinceau dispose, nous n'avons pas voulu dire pour cela qu'elle dût prévaloir absolument sur le reste. Bien que la peinture soit l'art expressif par excellence et que même les disgrâces physiques lui appartiennent parce qu'elle sait y trouver, ne fût-ce que par le contraste, les éléments d'un effet décisif, elle ne demeure pas confinée dans le caractère, c'est-à-dire dans la représentation exclusive des phénomènes individuels. Elle peut s'élèvera une vérité plus haute et plus générale, elle peut concilier l'expression avec la beauté, soit en figurant formellement celle-ci en regard des types contraires, soit en idéalisant par le style ces types dégradés et en retrouvant ainsi les principes de l'harmonie jusque dans les témoignages du désordre.

Qu'est-ce donc que le style dans l'acception générale et absolue du mot ? Comment ce qui distingue une manière, ce qui est le cachet de tel ou tel homme, peut-il devenir un symptôme commun, un signe de ralliement pour toute sorte de talents ou de travaux ? Chaque grand peintre, il est vrai, a un style qui lui est propre ; en d'autres termes, il imprime à ses œuvres un caractère conforme à son caractère personnel, aux aptitudes ou aux prédilections de son génie. Ne saurait-on pourtant, sous l'extrême diversité des formes d'expression, démêler une certaine unité de principes, un certain accord instinctif entre tous les peintres de haute race ? Que l'on se figure le même modèle posant devant vingt maîtres différents ou le même site reproduit par les paysagistes français et hollandais du XVIIe siècle : toutes les œuvres peintes d'après ce modèle lui ressembleront sans pour cela se ressembler entre elles, parce que chaque peintre aura interprété la réalité dans le sens de ses propres préférences, et fait prévaloir, volontairement ou non, une vérité d'un certain ordre. L'épanouissement de la vie dont Titien sera touché à l'exclusion du reste et qu'il rendra avec une joyeuse animation, Corrège ne l'apercevra qu'à travers le voile d'une grâce mélancolique, tandis que Michel-Ange y verra l'enveloppe héroïque de la passion ou de la douleur. Là où Poussin et Claude le Lorrain trouveront une occasion d'exprimer par les lignes et par le ton la majesté sereine de la nature, Ruisdaël donnera carrière à ses sombres instincts de dessinateur et de coloriste. Partout l'empreinte d'un sentiment individuel, d'une manière particulière d'envisager les choses ; partout cependant le même besoin d'accentuer ou d'ennoblir le fait, et un caractère commun, la grandeur.

Le style n'est autre chose que cette révision par l'art des objets naturels. S'il était permis, pour le définir, d'employer des mots à peu près contradictoires, on dirait qu'il s'enrichit en raison même des détails qu'il supprime, comme en parant la réalité il la rend à la fois plus simple et plus intelligible. Un portrait obtenu mécaniquement est sans style, ressemble mal au modèle, parce que les traits caractéristiques sur lesquels l'art aurait appuyé sont ici acceptés et reproduits au même titre que les moindres accidents du moment ; un portrait peint par Flandrin ou par M. Lehmann a du style, parce qu'il résulte d'une comparaison judicieuse entre les vérités principalement dignes de la lumière et les vérités infimes ou secondaires qu'il convenait d'omettre ou de voiler. Le style ne Saurait donc être absent d'une œuvre d'art sans que celle-ci perde sa recommandation la plus sûre et son moyen d'action le plus direct sur l'esprit. Le style enfin, dans l'ordre pittoresque comme dans l'ordre littéraire, est le vêtement nécessaire du vrai. Ceux qui, par une exagération de respect pour la matière, se contentent d'en copier les formes nues, les apparences telles quelles, font une besogne au moins inutile, puisqu'ils ne nous montrent rien de plus que ce que nous aurions vu tout aussi bien sans eux.

Tel est au fond l'avis d'un peintre, M. Couture, auteur d'un livre récemment publié sous le titre de *Méthode et Entretiens d'atelier*, bien que sur ce point, comme sur plusieurs autres, les opinions exprimées dans cet ouvrage paraissent varier jusqu'à la contradiction. Singulière inconséquence au surplus ! après avoir longuement médit de la critique, dont il prophétise la fin prochaine et qu'il malmène le plus rudement qu'il peut en attendant, l'auteur des *Entretiens d'atelier* fait acte de critique à son tour et ne laisse pas d'exercer parfois jusqu'à l'abus le droit qu'il refuse à autrui. Nous ne lui reprocherons pas les jugements plus que sévères qu'il croît devoir porter sur les principaux artistes de notre époque depuis Ingres jusqu'à Delacroix. Si complètes qu'elles soient, à notre avis, de pareilles erreurs ne dépassent point les limites de la critique ; mais lorsque, pour caractériser les aspirations d'une certaine école et les mœurs de certains talents dont les débuts remontent aux premières années du dernier règne, M. Couture nous parle de « peintres crasseux qui ressemblaient à des sacristains, » lorsqu'il se moque de ces « enfants de concierges, ». de ces « gueux » dont les paroles « avaient un parfum biblique, » il commet une méprise d'une autre sorte et une faute moins excusable contre le goût. Il commet en tout cas un oubli, car je ne veux pas croire qu'il se rappelle qu'un de ces apprentis de la peinture religieuse « vers 1832 » se nommait Hippolyte Flandrin.

On le voit, dans le livre de M. Couture, il y a trop et trop peu. En dépit du titre et des promesses que semblait donner le nom de l'auteur, on serait assez mal venu à y chercher des leçons méthodiques sur l'art. On n'y trouvera le plus souvent que des conseils écourtés, des explications interrompues, on ne sait pourquoi, par des confidences dont les futurs biographes de l'artiste feront peut-être leur profit, mais qui ont au moins cet inconvénient de compliquer le sujet. D'où vient par exemple qu'après deux chapitres sur le *dessin dans sa plus bette expression* et sur le *portrait*, M. Couture juge nécessaire de nous raconter la vision qu'il eut huit jours durant du spectre d'un arlequin dans l'église de Saint-Eustache ? S'agit-il de pures théories, ici encore la méthode d'exposition manque de rigueur et de clarté, bien que le vocabulaire choisi atteste, jusqu'à l'excès peut-être, le goût des formules scientifiques, « Humanisez votre discours, » dit un des personnages de Molière à un littérateur trop prompt à s'armer de grands mots. Certaines classifications établies par M. Couture permettraient de former le même vœu quant à la langue pittoresque qu'il emploie. A quoi bon ces fréquents recours à « la base, » à « la dominante, » ou ces étiquettes, entre plusieurs autres, de « luminaristes, » de « turquistes, » attachées à des talents qu'il eût été facile de caractériser en termes moins rébarbatif ? L'attention qu'on prétend ainsi conquérir peut au contraire se laisser effaroucher par cet appareil scolastique, et un semblable résultat serait d'autant plus regrettable que, la même où l'expression est le moins séduisante, les opinions de M. Couture se recommandent souvent par la justesse. Dans les questions de procédés surtout, dans ce qui concerne l'association des tons et le coloris, plusieurs préceptes mériteraient d'être étudiés de près par les artistes. Ils trouveraient là des avertissements ou des indications véritablement profitables, parce que, sans parler de la confiance due au peintre expérimenté qui les donne, ces enseignements s'appliquent à une des parties de l'art que les prescriptions matérielles intéressent le plus directement.

S'il est en effet dans la peinture un point sur lequel l'expérience et les avis d'autrui puissent avoir facilement une influence pratique, n'est-ce pas celui qui demeure en dehors de l'expression proprement dite, de l'interprétation morale ? Nous ne prétendons pas, tant s'en faut, qu'en matière de coloris tout soit affaire de traditions ou de recettes. Ici comme ailleurs, il convient de laisser leur part aux dons naturels, aux instincts. Ni les tableaux ni les livres ne suffiront pour faire d'un peintre un autre Paul Véronèse ou un autre Titien ; mais l'harmonie au moyen des couleurs a des conditions à la fois moins hautes et moins subtiles, des secrets moins rebelles à l'analysé que les inspirations qui se traduisent par la ligne, par les caractères du dessin. Contrairement à l'opinion assez générale sur la prétendue spontanéité du talent de coloriste, on peut dire que ce talent, si variés qu'en soient les témoignages, agit et se développe sous l'empire de certaines lois fixes, de certains exemples fidèlement transmis. Où trouver un tableau remarquable au point de vue du coloris dans lequel les tons choisis pour garnir les côtés ne forment une sorte de parenthèse entourant les teintes centrales et les recommandant d'autant mieux au regard ? Dans une sphère plus humble, comment expliquer, sinon par l'influence des traditions, cette invariable habileté des peuples Orientaux à combiner les couleurs des matières avec lesquelles ils fabriquent leurs étoffes, leurs tapis, leurs porcelaines ou leurs faïences ? Les Chinois, les Persans, les Arabes, ont été de tout temps coloristes et coloristes à peu près infaillibles, parce qu'ils subordonnent l'agencement des tons à des calculs une fois reconnus exacts, à des règles dont la justesse a été pour jamais démontrée. Même à ne parler que de l'art industriel, où sont les monuments qui nous révèlent chez un peuple des notions de la forme aussi obstinément sûres et une aussi longue succession de dessinateurs ?

Il va sans dire que nous ne saurions entrer ici dans l'examen détaillé des principes qui nous semblent régir le coloris et que nous entendons seulement les rappeler à la mémoire par l'indication de quelques faits. A peine oserons-nous faire remarquer en passant qu'un Ion faux ne paraît tel qu'à cause de la place qu'il occupe et non en raison de sa qualité propre, que la vérité ou la beauté de toute coloration dépend du milieu choisi, de l'intensité ou de la douceur des colorations environnantes, et que par conséquent un peintre peut apprendre aussi bien à éviter dans ses tableaux les voisinages compromettants qu'à opérer les rapprochements utiles. Sans méconnaître l'importance de la couleur, il ne faut donc lui attribuer ni des mérites indépendants de l'expérience, ni un objet supérieur à la sensation. A ce titre, la couleur n'a dans l'art que le second rôle. Elle peut même avoir le danger d'entraîner ceux qu'elle préoccupe à sacrifier dans leurs œuvres l'action au spectacle et l'expression la plus haute de la vie, qui est la pensée, à l'image tout extérieure, à l'effet strictement pittoresque.

Sans doute nous savons comme tout le monde et nous estimons à leur prix les progrès accomplis depuis plusieurs années par une partie de notre école. Il est clair que les peintres contemporains de genre et de paysage s'entendent mieux que leurs prédécesseurs à combiner des tons élégants ou solides, à déterminer agréablement un effet, à imiter le chatoiement des étoffes ou la rigidité des substances inflexibles. Faut-il oublier pour cela les droits de la pensée, du style, de tout ce qui occupe la cime de l'art ? Il semble que pour beaucoup d'entre nous la peinture héroïque ou religieuse n'ait plus d'autre raison d'être qu'un reste de vieil usage, et les voix ne manquent pas pour en annoncer dans un avenir prochain, pour en conseiller dès à présent l'abandon. Autant vaudrait pourtant proclamer l'anéantissement de l'art lui-même. Ceux qui, condamnant l'idéal au nom du progrès, estiment que le talent n'a rien de mieux à faire désormais que de se consacrer à l'imitation des réalités vulgaires ou à la transcription des curiosités ethnographiques, ceux-là ne méconnaissent pas seulement les plus glorieuses traditions et le vrai génie de notre école à toutes les époques ; ils oublient de compter avec les exigences les plus naturelles de l'esprit, avec des besoins éternels comme le cœur humain. En prétendant nous désabuser du beau pour nous inspirer la plate religion du fait, ils s'évertuent à réformer ce qui, Dieu merci, est de soi à l'abri des réformes. Dût le succès couronner en apparence leurs efforts, dût l'opinion achevée de s'en rendre complice, il n'y aurait là, nous l'espérons bien, qu'un accident sans conséquence, une méprise moins durable après tout que le bon sens, et dont le premier grand maître qui surgira fera justice du jour au lendemain.

A côté des fausses doctrines qui tendraient à discréditer la peinture telle que l'ont comprise et pratiquée dans notre pays tant de nobles maîtres, depuis Poussin jusqu'à Ingres, depuis Lesueur jusqu'à Flandrin, des préventions tout aussi injustes et plus générales encore semblent menacer la vie de la gravure. Qu'y a-t-il donc en réalité de défectueux ou d'insuffisant dans cet art qu'on voudrait reléguer parmi les procédés surannés ? En quoi les travaux non-seulement de M. Henriquel, mais de bon nombre de ses élèves en France et de ses confrères à l'étranger, justifient-ils l'inévitable oraison funèbre dont tout le monde, y compris la critique, pour suit aujourd'hui la gravure et les graveurs ? — Une estampe, dira-t-on, n'étant qu'une œuvre de seconde main, une copie dont tout le mérite consiste dans la fidélité matérielle, on a bien le droit de lui préférer un mode de reproduction plus fidèle encore. L'exactitude absolue de la photographie ne laisse aux renseignements fournis par le burin qu'une authenticité suspecte, et dès lors le procédé infaillible doit naturellement supprimer celui qui ne l'est pas : double erreur que plus d'une fois déjà nous avons eu l'occasion de relever dans la *Revue*.

Non, la seule fin de la gravure n'est pas l'effigie extérieure de l'œuvre d'autrui ; non, il ne s'agit pas uniquement pour le graveur de transcrire avec une rigueur mathématique des lignes et des détails de modelé. Sa tâche est bien plutôt celle d'un interprète que d'un copiste. Le texte qu'il reproduit, il l'explique, et cette part d'invention personnelle ou tout au moins de critique donne à l'image une valeur particulière, comme au modèle lui-même un surcroît d'autorité. La photographie au contraire, qui n'interprète rien, qui ne sait rien contrôler ni rien choisir, la photographie n'arrive à nous livrer qu'un simulacre inerte, une ressemblance à la fois excessive et incomplète, puisqu'en remettant impitoyablement en lumière jusqu'aux moindres avaries, elle n'a et ne peut avoir pour les vérités intimes ni des prédilections plus vives, ni un zèle plus intelligent. Que deviendrait sur la plaque du daguerréotype la *Joconde* de Léonard ou cette autre merveille de la peinture, ce *Mariage de sainte Catherine* par Corrège, dont le burin de M. Henriquel a si bien rajeuni récemment la grâce et l'harmonie exquises ?

La fidélité photographique n'a de prix que comme moyen d'information matérielle. Qu'on en fasse grand cas à ce titre, qu'on demande aux documents qu'elle fournit des notions certaines ; mais qu'on n'y cherche pas un équivalent de ce que la gravure seule est en mesure de nous révéler. Laissons donc à celle-ci sa fonction et à la photographie son métier. La gravure n'est pas morte et ne doit pas mourir des coups que lui aura portés sa prétendue rivale, pas plus que l'art du statuaire ne saurait être vaincu par les procédés du moulage sur la nature. Elle peut être condamnée à l'inaction là où le principal résultat à obtenir est une imitation littérale, dans la reproduction des monuments de l'architecture par exemple ou dans les *fac-similé* de dessins. Partout ailleurs elle garde ses privilèges et défie les comparaisons avec la mécanique, parce que, au lieu de s'arrêter comme celle-ci à la surface des choses, elle en pénètre la signification secrète, parce qu'elle fait œuvre de sentiment et de pensée, parce qu'elle est une forme d'expression pour l'intelligence et non une contrefaçon muette de la réalité.

Or, précisément à cause de ces conditions et de ces ressources, l'art du burin impose à ceux qui le pratiquent une extrême réserve dans l'emploi apparent des moyens. Tout ce qui tendrait à l'étalage du faire, à l'ostentation de la *manœuvre*, pour nous servir du terme consacré, serait une usurpation et un contre-sens, l'accessoire l'emportant ainsi sur le principal. En outre il y aurait là une justification implicite de l'opinion défavorable à la gravure, puisque le talent, en n'agissant plus que dans la sphère de la dextérité, se montrerait, quoi qu'il fît, matériellement moins habile et en tout cas moins rapide que le procédé mécanique. Nous ne saurions dire que des fautes de cette espèce, plus compromettantes que jamais dans les circonstances où nous sommes, n'aient pas été commises par plusieurs graveurs de notre époque. Le temps est bien passé pourtant où la manière molle et pédantesquement facile d'un Morghen pouvait, sans offenser personne, dénaturer le style des plus grands peintres, où la stérile adresse avec laquelle Wille découpait le cuivre suffisait pour procurer le succès à ses œuvres et une notoriété européenne à son nom. Sans doute, aujourd'hui comme toujours, il est nécessaire que le graveur choisisse avec un soin scrupuleux ses *travaux*, c'est-à-dire les combinaisons de tailles les plus propres à modeler chaque forme dans le juste sens, à exprimer la dégradation des plans ou les valeurs relatives du coloris ; sans doute, il faut qu'il trouve le secret d'assouplir un instrument rebelle, à la condition toutefois de ne pas nous informer trop complaisamment des efforts faits pour y réussir. Il faut en en mot que sa main ait d'autant moins d'orgueil qu'elle aura en réalité plus de science, sans quoi nos regards mal à propos occupés ne verraient dans une estampe que les traces de l'outil et oublieraient presque l'objet représenté pour s'en tenir à ce que leur montrerait cette sorte de calligraphie pittoresque. Qu'est-il besoin d'ailleurs de plaider plus au long la cause de la gravure ? Les œuvres des mai très seront à cet égard plus convaincantes que toutes les dissertations, et c'est à elles qu'il convient de laisser la parole. Aussi bien le moment est-il venu pour nous de recueillir les enseignements qui ressortent de notre sujet et de résumer la pensée de cette étude. En écrivant, à propos de la *Grammaire des arts du dessin*, les pages qui précèdent, nous n'avons pas entendu seulement louer un livre excellent et en recommander la lecture aux hommes du monde ; nous avons voulu encore appeler sur ce livre l'attention des artistes eux-mêmes et les exhorter à un genre d'étude pour lequel ils n'ont trop souvent qu'un éloignement préconçu ou une paresseuse indifférence. Il faut bien le dire en effet, les plus sceptiques, les plus ignorants même en matière esthétique, ne sont pas toujours ceux qui n'ont tenu vde leur vie un ébauchoir ou un pinceau. La simple possession des secrets du métier n'est pas une garantie de science véritable, encore moins de croyances philosophiques, et plus d'un aujourd'hui parmi les praticiens les plus habiles serait assez empêché peut-être s'il lui fallait définir sa doctrine ou confesser sa foi. Certes on ne saurait imposer à un sculpteur ou à un peintre l'obligation de discourir sur l'art comme un théoricien de profession, et de donner à tous venants les raisons de ce qu'il fait ou de ce qu'ont fait les autres ; mais sera-t-on mal fondé à exiger de lui qu'il se rende au moins quelque compte des principes qu'il a la mission d'appliquer, et que, au lieu d'exercer son art par pur empirisme, il en pratique les lois morales à aussi bon escient que les conditions techniques ? »

il ne s'agit ni de condamner à l'immobilité les écoles modernes, — ce qui serait une tentative aussi vaine que de prétendre supprimer leur passé, — ni de contester au génie, au talent même, son libre arbitre et ses privilèges. Il s'agit uniquement de rappeler à la mémoire des uns, de définir pour l'instruction des autres certains devoirs qui obligent tout le monde, certains principes au-dessus des plus hardies entreprises ou des variations du goût. La fidélité au vrai n'est pas la routine, la force qui se recueille et qui calcule n'a rien de commun avec l'inertie. Ceux qui ne voient dans l'art qu'une occasion d'innovations perpétuelles, ceux qui croient que le beau se devine et s'invente par la seule vertu des instincts personnels, ou qu'il varie en raison des mœurs de chaque époque, ceux-là se méprennent sur la fonction de l'artiste, comme ils s'exagèrent d'indépendance de ses inspirations.

Rien ne sort de rien, et il n'est pas arrivé encore qu'un grand artiste ait surgi au milieu d'un peuple barbare ou dans une atmosphère vide de traditions. Si puissants novateurs qu'ils fussent, Nicolas de Pise et Giotto se souvenaient de leurs devanciers, comme Phidias, pour créer ses incomparables chefs-d'œuvre, s'était aidé des découvertes déjà faites, comme Michel-Ange lui-même devait soumettre sa fière fantaisie à l'autorité des enseignements et des exemples antérieurs. L'histoire de l'art, telle qu'elle est écrite dans les œuvres des maîtres, n'est que le développement sous des apparences diverses d'un petit nombre de vérités fixes, d'axiomes, de principes immortels comme les besoins de l'intelligence humaine. Que l'application de ces principes soit astreinte à un progrès incessant, que l'immobilité en pareil cas devienne le signe de la décadence, — rien de plus vrai. Toujours est-il que le perfectionnement ne saurait porter que sur les modes d'expression. Il n'est pas plus possible de changer en ceci le fond des choses qu'il ne le serait d'inventer pour le corps des formes nouvelles ou de nouveaux sentiments pour le cœur. Comment après tout demander à l'art plus de variété qu'à la nature, qu'on n'accusera pas pourtant de monotonie parce qu'elle reproduit obstinément les mêmes types, et qu'elle impose les mêmes passions aux générations d'hommes qui se succèdent ? L'art consiste précisément à diversifier par les nuances, par l'interprétation, par l'originalité du sentiment et du style ce(te éternelle et implacable uniformité. Dans de telles limites, son domaine est assez vaste encore et sa tâche assez belle pour contenter les plus hautes ambitions.

Que les artistes donc laissent dire, sans s'émouvoir, de leurs paradoxes, ceux qui prêchent la licence au nom de la liberté aussi bien que ces docteurs du matérialisme pittoresque qui, pour toute esthétique, ne savent professer que la religion de la chair, l'imitation sensuelle de a l'animal humain ; » mais, en dédaignant à juste titre ces jactances ou ces excès d'humilité, qu'ils se gardent, sous prétexté d'indépendance, de repousser d'autres conseils, d'autres exhortations plus dignes d'eux. Leur indépendance ne sera nullement compromise ? s'ils acceptent non pas le joug, mais l'appui des règles et des traditions. Quant à nous, tous tant que nous sommes, en connaissant mieux les conditions de l'art, nous en goûterons mieux aussi, nous en comprendrons plus sûrement les œuvres. « Nos appétits, écrivait Poussin, ne doivent pas en juger seulement, mais aussi la raison. » L'auteur de la *Grammaire des arts du dessin* a tout fait pour que cette raison fût bien avertie, pour que ces « appétits » trouvassent leur hygiène en même temps que leur aliment.

ISBN : 978-1717346698